PROJET DE TENUE

POUR

L'ARTILLERIE

PAR

Le Lt-Colonel D'ESCLAIBES-D'HUST

Directeur de l'École d'artillerie de Poitiers

(Extrait de la *Revue d'artillerie*. — Juin 1882)

PARIS

BERGER-LEVRAULT ET Cie, LIBRAIRES ÉDITEURS

5, RUE DES BEAUX-ARTS, 5

MÊME MAISON A NANCY

1882

PROJET DE TENUE

POUR

L'ARTILLERIE

PAR

Le Lt-Colonel D'ESCLAIBES-D'HUST

Directeur de l'École d'artillerie de Poitiers

(Extrait de la *Revue d'artillerie*. — Juin 1882)

PARIS

BERGER-LEVRAULT ET Cie, LIBRAIRES-ÉDITEURS

5, RUE DES BEAUX-ARTS, 5

MÊME MAISON A NANCY

1882

PROJET DE TENUE

POUR

L'ARTILLERIE

Ce projet de tenue pour l'artillerie que public la *Revue* est l'œuvre de M. le lieutenant-colonel d'Esclaibes d'Hust, qui l'a présenté au comité de l'artillerie en 1879, lorsqu'il était chef d'escadron commandant l'artillerie de l'arrondissement de Saint-Cyr.

(N. de la Réd.)

AVANT-PROPOS

Ce travail avait pour but d'étudier les modifications utiles à apporter à la tenue de l'artillerie, en prévision d'une transformation de l'arme qui devait avoir pour résultat la séparation des artilleries à pied et de campagne.

Pensant qu'il serait utile de n'avoir plus pour l'artillerie de campagne qu'un seul genre de canonnier pouvant passer instantanément, selon les besoins du service, de la position de servant à celle de conducteur, l'auteur de ce mémoire s'est appliqué à chercher un mode de transport des effets de l'homme, qui lui permette de les mettre alternativement soit sur son dos, soit sur celui de son cheval, suivant que le canonnier serait appelé à servir la pièce ou à la conduire.

Sans entrer dans les détails tendant à faire ressortir les avantages qui résulteraient de l'adoption de cette proposition au point de vue de l'unité de tenue, d'équipement, d'instruction et de service, il est nécessaire de faire remarquer que, sans augmenter l'effectif des chevaux d'une batterie montée et en augmentant seulement de 6 le nombre des selles de chaque pièce on pourrait transporter rapidement les 6 servants sur les sous-verges. On arriverait ainsi à donner à l'artillerie montée une mobilité presque aussi grande que celle que doit avoir l'artillerie à cheval.

Cette idée du reste a déjà été émise par Gassendi ([1]) et le célèbre artilleur lui attribue une grande importance au point de vue des effets que doit produire l'artillerie de campagne sur les champs de bataille.

TENUE DE L'HOMME MONTÉ.

Considérations générales.

Immédiatement après la guerre de 1870, plusieurs modifications ont été apportées à l'équipement et à l'habillement du canonnier.

Elles ont surtout consisté dans le remplacement de l'habit par le dolman, du manteau par la capote-manteau, du pistolet par le revolver, mais aucun travail d'ensemble n'a été fait sur l'importante question de l'équipement de guerre de l'artillerie.

Ces modifications ont-elles donné un résultat satisfaisant; de plus, sont-elles suffisantes?

Telles sont les deux questions qu'on est en droit de poser, et auxquelles une expérience de 7 années oblige l'auteur de ce travail à répondre négativement.

En effet, tout équipement militaire doit être étudié au point de vue pratique de notre métier, et doit remplir tout d'abord les conditions essentielles à un bon équipement de guerre.

Or, le shako, par exemple, peut-il être porté utilement en campagne?

L'expérience des dernières guerres, pendant lesquelles cette coiffure a été en usage, a suffisamment prouvé combien elle est incommode. Si elle était maintenue en ser-

---

[1] *Aide-mémoire à l'usage des officiers d'artillerie,* 5ᵉ édit. 1819. Observations sur le personnel de l'artillerie, p. 377.

vice en temps de paix, on s'empresserait de la mettre de côté au moment d'une mobilisation.

Ce qui prouve, du reste, son peu de commodité, c'est que dans la plupart des garnisons, les officiers sont dispensés de la porter en tenue du jour.

Comme une des conditions essentielles d'un bon équipement militaire est de pouvoir servir aussi bien en temps de guerre qu'en temps de paix, on est en droit de conclure qu'il est important de modifier la coiffure du canonnier.

Le dolman, comme on le verra plus loin, n'est pas non plus un vêtement de guerre, et certains officiers, en demandant le remplacement de l'habit par le dolman, ont considéré cette question, surtout au point de vue de leur commodité personnelle, sans s'inquiéter si ce vêtement serait pratique en campagne pour le simple canonnier.

Le service administratif, il est vrai, n'a pas voulu admettre jusqu'à ce jour (*malgré le désir bien fondé de nombreux officiers*) que l'homme de troupe pourrait emporter le dolman en campagne. Il ne considère cette question qu'au point de vue de la dépense, mais le bien du service exige qu'elle soit considérée avant tout au point de vue du bien-être du canonnier.

La veste n'étant pas assez confortable, il y a lieu d'adopter un vêtement moins cher que le dolman et qui permette à l'homme d'être vêtu d'une manière convenable, afin qu'il soit en mesure de résister aux intempéries des saisons et aux fatigues de la guerre.

Une des premières conditions de la mobilité de l'artillerie consiste dans l'indépendance (au point de vue du transport des vivres de la journée) des hommes et des chevaux qui composent la batterie de combat.

Combien de fois n'a-t-on pas vu, pendant la dernière guerre, une batterie ne pas pouvoir se porter en avant, être obligée d'attendre pendant de longues heures après le combat l'arrivée de la réserve, parce qu'on ne pouvait procurer aux hommes et aux chevaux la nourriture nécessaire pour réparer les forces perdues par les fatigues de la journée?

Bien souvent même, certaines batteries ont passé des journées entières sans avoir un grain d'avoine à donner à leurs chevaux.

Les effets de campement, tels qu'ils sont actuellement organisés, sont loin d'obvier à ces graves inconvénients.

On voit par ces considérations générales combien il est urgent d'examiner toutes les parties de l'équipement du canonnier, et de signaler, en les motivant, les modifications à y apporter.

Une autre question, non moins importante pour l'homme équipé en homme monté, se présente naturellement, c'est celle du mode de transport de ses effets.

Tout officier ayant assisté à une bataille a dû remarquer la quantité considérable d'effets d'hommes montés qui, fixés sur le paquetage des chevaux tués ou blessés grièvement, sont abandonnés ou perdus sur le terrain.

Cela provient de ce que le mode de transport des effets de l'homme monté ne lui permet pas de réunir rapidement en un tout unique les différents objets répartis et fixés sur la selle.

Le porte-manteau, le bissac en toile, le manteau, le sac à avoine, les bottes, la musette de pansage, la musette de propreté, trouvent bien place sur la selle ou dans les sacoches, mais il est impossible au canonnier monté, qui n'a aucune courroie préparée à l'avance pour réunir ces objets, de les emporter isolément lorsque son cheval vient à lui faire défaut.

Le travail qui va suivre a donc pour but :

1° De demander certaines modifications à l'habillement et à l'équipement du canonnier ;

2° De proposer un mode de transport d'effets de l'homme monté permettant de mettre rapidement sur le dos du canonnier tous ses effets qui, un instant auparavant, étaient sur le dos de sa monture, en se servant des mêmes courroies, dans l'un et dans l'autre cas.

Effets de petit équipement.

Les effets de petit équipement, actuellement d'ordonnance, sont les suivants :

Effets réglementaires. — *Linge.* — 3 chemises ; 2 caleçons ; 2 mouchoirs de poche ; 2 serviettes ; 2 calottes de coton ; 2 cravates ; 2 paires de gants ; 1 paire de bretelles de pantalon ; 2 pantalons de treillis ; 1 besace ; 1 plumet ; 1 pompon ; 1 quart ; 1 gamelle individuelle.

Par note ministérielle n° 60 du 3 janvier 1879, deux serviettes de propreté ont été adoptées pour les hommes de toutes armes. Ces serviettes trouveront facilement place dans le paquetage.

Elles étaient de première nécessité, attendu que, comme il était défendu à l'homme de s'essuyer avec ses draps, il ne lui restait pour toute ressource que de s'essuyer avec sa chemise. Les soldats anglais ont bien une brosse à dents dans leurs effets de petite monture ; mais sans pousser la recherche jusqu'à ce point, l'adoption de deux serviettes de propreté était indispensable ; elles seront utiles au canonnier, aussi bien en temps de guerre qu'en temps de paix.

Par imitation de l'habillement des troupes d'Afrique, on a remplacé l'ancien col par une cravate bleue. Cette cravate donne à l'homme un aspect débraillé, qui ne sied pas à la tenue militaire.

L'ancien col était peu commode, il tournait constamment, à moins qu'on ne le fixât à la chemise par une épingle, raffinement de toilette difficile à obtenir d'un simple soldat. De plus, la patte en cuir et celle du col passant, la première dans la boucle, et la seconde par-dessus la boucle, pour venir s'engager toutes les deux dans l'ouverture de gauche, formaient en dessous du collet de l'habit, une épaisseur gênante et qui, par le frottement de la boucle, occasionnait souvent des écorchures ou des furoncles.

Il y avait donc lieu à remplacer ce col; mais, au point de vue de la régularité et de la commodité de la tenue, il eût été préférable de lui substituer le col dont la description suit :

Prendre l'ancien col, le couper à chaque extrémité d'une longueur égale, de manière à lui laisser $0^m,22$ de longueur; fixer à chaque bout une agrafe destinée à assujettir le col de chaque côté à un crochet cousu à l'intérieur du collet, soit de la veste, soit du dolman; de cette façon le col ne tourne jamais et la partie postérieure du cou reste parfaitement libre dans l'encolure du vêtement (fig. 1).

Fig. 1.

La suppression du shako et l'adoption de la coiffure proposée pour le remplacer, rendraient le pompon inutile.

L'adoption des bissacs proposés supprimerait la besace.

Il y aurait lieu, pour la grande tenue de remplacer le plumet actuel par un plumet de forme différente, s'épanouissant sur la coiffure (fig. 2), et d'adopter soit une paire d'aiguillettes rouges, soit l'ancien cordon de l'artillerie.

Plus la tenue du jour est simple, plus l'adoption de certains ornements destinés à la transformer en grande tenue est nécessaire.

Les hommes de la classe arrivent ordinairement dans les régiments au moment où les froids

Fig. 2.

commencent à se faire sentir; plusieurs d'entre eux apportent des gilets de laine ou de coton; mais le plus grand nombre, soit par imprévoyance, soit faute d'argent, n'en possèdent pas, et au bout de peu de temps les infirmeries et les hôpitaux reçoivent grand nombre de ces jeunes soldats, atteints de forts rhumes ou de fluxion de poitrine. Il serait économique, à tous les points de vue, de prévenir ces maladies trop fréquentes, en comprenant dans les effets de linge, un gilet de coton à manches, d'une couleur qui devrait être foncée, pour être moins salissante.

Les effets d'habillement qui seront proposés permettraient par leur ampleur l'usage de ce gilet.

A Metz, pendant la guerre de 1870, M. le général commandant l'artillerie du 2e corps d'armée donna l'ordre d'acheter les effets nécessaires pour garantir les hommes contre le froid. Plusieurs capitaines commandants achetèrent des gilets du genre de ceux dont il est question ; les hommes portèrent ces gilets avec les effets d'habillement d'alors, qui cependant n'avaient pas été faits dans ce but, et s'en trouvèrent fort bien.

EFFETS RÉGLEMENTAIRES. — *Chaussure.* — 1 paire de bottes ; 1 paire de bottines ; 1 cache-éperons.

On verra au chapitre de l'habillement qu'on demande le remplacement du pantalon basané, par une culotte demi-collante, dont l'usage nécessiterait l'adoption de bottes à tiges, de $0^m,035$ plus élevées que celles des bottes actuellement d'ordonnance. — Il y aurait donc lieu de donner au canonnier monté 2 paires de bottes ayant $0^m,45$ de tige (fig. 3).

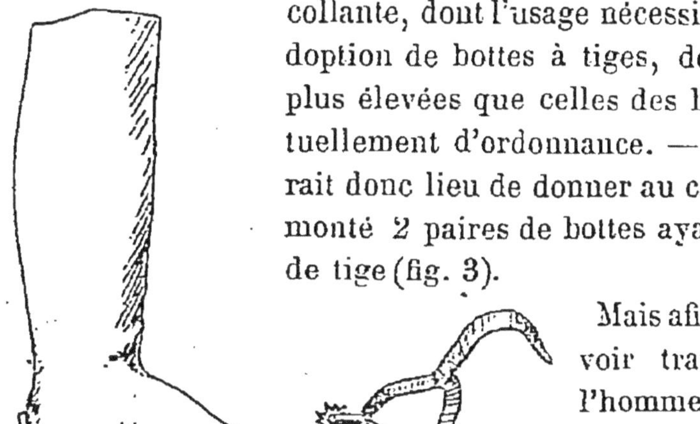

Fig. 3.

Mais afin de pouvoir transformer l'homme monté en homme à pied, il faudrait adopter une paire d'éperons mobiles, à courroies, pouvant se fixer aux bottes lorsque l'homme serait à cheval, ou se mettre dans le paquetage, si l'homme était à pied. Il faudrait pour ces deux éperons un cache-éperons d'une forme particulière, couvrant les deux molettes à la fois.

Effets réglementaires de petite monture. — 1 musette de propreté ; 1 brosse à habit ; 1 brosse double à cirage ; 1 brosse
à lustrer ; 1 brosse à boutons ; 1 brosse à graisse ; 1 brosse
à graisse et à cirage ; 1 fiole à tripoli ; 1 courroie de manteau ;
1 patience ; 1 martinet ; 1 paire de sous-pieds de rechange ;
1 trousse garnie contenant : 1 peigne fin, 1 dé à coudre,
1 paire de ciseaux, boutons d'uniforme, boutons ordinaires,
1 bobine en bois contenant 6 aiguilles et une alène emman-
chée, fils de 3 couleurs.

La trousse comporte une paire de ciseaux ; d'un autre
côté, une autre paire de ciseaux figure parmi les effets de
pansage ; elle est destinée à faire les crins aux chevaux.

Les hommes n'ayant pas souvent à se servir de la première paire pour coudre, la seconde serait bien suffisante
pour faire les crins et couper de temps à autre le fil qui
aura servi à coudre un bouton.

Il serait à désirer qu'en campagne le cirage soit remplacé par de la graisse et que par suite la brosse à lustrer
soit supprimée. On y trouverait le triple avantage de pro-
longer la durée du cuir, de le rendre moins pénétrable à
l'humidité et de diminuer le nombre de brosses à emporter
en campagne.

La patience en bois se brise facilement ; ne pourrait-on
pas la remplacer par une patience en cuivre ou en tôle ?

Parmi les effets de pansage, on donne aux hommes une
paire de sabots, qui sont généralement très grossiers et
très lourds à porter, il serait nécessaire de remplacer ces
sabots par une paire de galoches en cuir avec semelle en
bois, et une paire de chaussons.

Le soir, après la manœuvre, le conscrit a besoin de se
reposer des fatigues de la journée, et ce ne sont pas ces
énormes sabots, dans lesquels il ne met que de la paille,
qui peuvent lui reposer les pieds du contact des bottes
neuves qu'il n'est pas habitué à porter, et qui le blessent
généralement au bout de peu de temps.

Effets réglementaires de pansage. — 1 paire de ciseaux pour
faire les crins ; 1 sac à avoine ; 1 corde à fourrrage ; 1 paire
de sabots ; 1 fouet ; 1 musette contenant : 1 étrille, 1 brosse à
cheval, 1 éponge, 1 époussette.

A la suite d'expériences faites dans les régiments après
la guerre, et des rapports des commissions chargées d'en
constater les résultats, l'étrille et la brosse à cheval avaient
été supprimées ; on avait cru que le bouchon en chiendent
suffirait pour panser convenablement les chevaux ; cette
opinion aurait été admissible si chaque homme n'avait eu
qu'un ou deux chevaux à panser par jour ; mais en présence
des résultats obtenus, il est indispensable de maintenir
l'usage de l'étrille et de la brosse en temps de paix comme
en temps de guerre, même en supposant que les chevaux
soient tondus chaque année.

On voit par ce qui précède, que les modifications deman-
dées aux effets de petit équipement sont peu nombreuses
et qu'elles ont généralement pour but d'augmenter dans la
limite du possible le bien-être du canonnier, en temps de
paix comme en temps de guerre.

Effets de la première catégorie.

Effets réglementaires. — *Habillement.* — 1 veste, 1 dolman,
2 pantalons de cheval, 1 képi, 1 calotte en drap, 1 bourgeron
en toile.

La veste comme deuxième vêtement peut suffire au canonnier en temps de paix ; mais elle n'est pas assez confortable pour pouvoir lui servir de seul et unique vêtement
en campagne.

D'un autre côté, par mesure d'économie, on n'a pas admis jusqu'à ce jour que le canonnier emporterait son dolman en campagne ; il y a lieu de faire remarquer de plus,
qu'en supposant que la chose fût admise, le dolman n'est
pas un véritable vêtement de guerre.

En été, la matelassure épaisse qu'on est obligé de coudre en dedans, pour maintenir les tresses et la doublure, en fait un vêtement très chaud et très désagréable à porter. Il est très difficile de l'entretenir propre.

Ses nombreux boutons l'alourdissent inutilement. En hiver, toutes les tresses plates ou rondes qui le couvrent forment éponge à la moindre pluie; pas une goutte ne se trouve perdue; ce vêtement, une fois mouillé, devient très lourd et très difficile à sécher. Les tresses et les boutons se décousent fréquemment, les parements et le collet en drap rouge perdent rapidement leur fraîcheur.

Par suite des nombreuses fournitures nécessaires à sa confection, son prix de revient est assez élevé, soit comme matière première, soit comme main-d'œuvre.

On voit donc que le dolman, tel qu'il est actuellement, ne présente aucun des avantages nécessaires à un vêtement de guerre; cependant, pour être juste, on doit reconnaître que sa forme générale est bonne; elle permet, par suite de la fente qui se trouve à gauche, de mettre le ceinturon en dessous; de plus, ce vêtement est assez large pour laisser à l'homme la liberté de ses mouvements et lui permettre de mettre en dessous, en hiver, un gilet de laine, ou de coton.

Il y aurait donc lieu, tout en laissant au dolman sa forme générale, de lui faire subir les transformations suivantes, qui lui donneraient l'aspect d'une tunique (fig. 4):

Supprimer les tresses plates et rondes, remplacer les parements et le collet rouges par des parements et un collet de même drap que le vêtement, le garnir tout autour de passepoils rouges et le fermer devant par neuf boutonnières et neuf gros boutons.

Il serait avantageux de remplacer les boutons, la garniture du sabre et celle de la coiffure, qui actuellement sont en cuivre, par d'autres boutons et garnitures en métal nickelé (fer ou acier) qui, pour être entretenus propres et brillants, n'auraient besoin que d'être frottés avec le coin de l'époussette ou une pièce de drap.

Cela permettrait de supprimer la brosse à boutons, la patience, la fiole à tripoli, trois objets qui encombrent bien inutilement la musette de propreté, surtout en campagne.

En adoptant les modifications proposées on obtiendrait ainsi (fig. 4) un vêtement simple et commode, d'un aspect militaire, qu'il serait facile de tenir constamment propre et qui, tout en n'ayant plus les inconvénients du dolman, aurait conservé les avantages de sa forme générale.

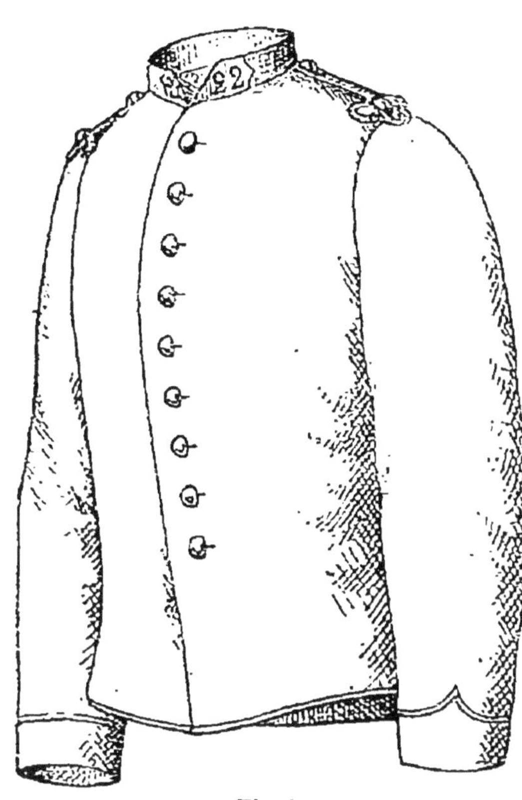

Fig. 4.

Le prix de revient serait certainement moins élevé que celui du dolman et il n'y aurait plus alors de motifs d'économie sérieux pour ne pas admettre que le canonnier devrait l'emporter en campagne.

Lorsqu'après un temps à déterminer, ce vêtement aurait servi comme vêtement de première tenue, il serait facile de le transformer en veste, pour achever de l'user comme vêtement de deuxième tenue ; il n'y aurait qu'à lui faire subir les modifications suivantes :

Enlever tous les passepoils rouges, ôter les patelettes rouges et les remplacer par des pattes en drap; on obtiendrait ainsi ce résultat avantageux de n'avoir plus à confectionner qu'un seul modèle de vêtement.

Le pantalon de cheval dit à la Lassalle, tel qu'il est actuellement d'ordonnance, présente certainement des avantages sur celui qui existait encore en 1848, et qui comportait la basane de cuir du haut en bas : il est plus léger et, dans les temps ordinaires, préserve suffisamment le bas des jambes contre la boue et l'humidité; cependant quand en campagne les mauvais temps persistent pendant plusieurs jours, et que les canonniers marchent sur un terrain détrempé par les pluies, la boue finit par s'introduire entre le pantalon, les sous-pieds et les bottes qu'il devient alors difficile de retirer, et l'homme transporte avec lui une certaine quantité de terre dont le poids devient fatigant par sa persistance.

L'adoption de la grande botte pour les officiers semble faire croire qu'on a reconnu sa supériorité sur le pantalon basané. Cependant il y a lieu de remarquer que la botte actuellement d'ordonnance pour les officiers ne serait pas d'un transport facile en campagne, par suite des tiges qu'il serait impossible de plier comme cela serait nécessaire pour transporter les bottes de rechange.

Aussi, au moment d'une mobilisation, les officiers s'empresseront-ils d'échanger leurs grandes bottes d'ordonnance contre des bottes de chasse à tiges flexibles, qui sont les véritables bottes de guerre.

Un modèle unique pouvant servir aussi bien en temps de guerre qu'en temps de paix serait préférable.

Mais puisqu'on semble avoir reconnu que la botte était préférable au pantalon de cheval pour l'officier, pourquoi n'admettrait-on pas qu'il en est de même pour le canonnier?

Si c'est une question d'économie, il y a lieu de remarquer qu'il est inutile que la tige soit très haute; 3 ou 4 centimètres de plus que celles des bottes actuellement d'ordonnance pour la troupe suffiraient pour procurer une chaussure convenable, pour l'homme monté soit à cheval ou à pied.

Le canonnier n'a pas tellement à marcher qu'on puisse prétexter que les bottes de ce modèle seraient une chaussure trop lourde ; il pourrait par tous les temps marcher dans tous les terrains sans avoir le désagrément signalé précédemment avec le pantalon basané.

A cheval, il serait plus à l'aise, ayant plus d'adhérence avec sa selle et sa monture.

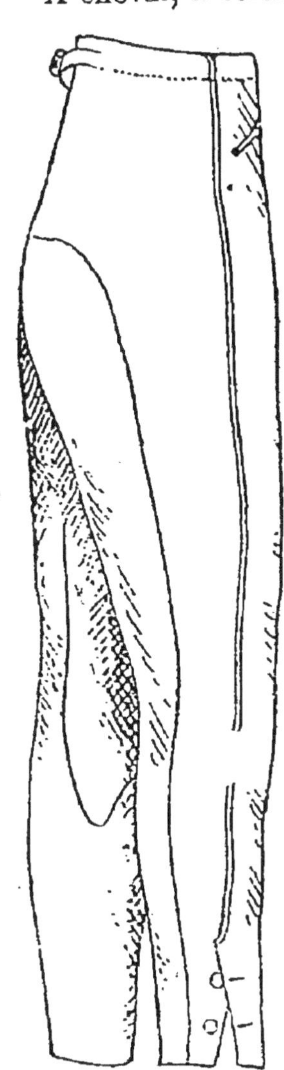

La culotte devrait être demi-collante, assez large du haut pour ne pas fatiguer l'étoffe, assez longue de jambes pour ne pas tendre sur les genoux, les poches devraient être mises en avant de façon que ce qu'elles doivent contenir trouve place dans le creux de l'aine. Elle devrait être basanée en drap et avoir une plaque de basane en cuir en dedans, à hauteur des genoux, de manière à protéger l'étoffe contre l'usure provenant des frottements de la selle. Un simple passepoil rouge longerait la couture extérieure (fig. 5).

L'homme monté devrait avoir deux culottes, une neuve et une en cours de durée. Il emporterait la neuve en campagne ; mais, pour la grande tenue, et la tenue du dimanche à pied, il devrait avoir un pantalon d'ordonnance tel qu'il existe actuellement pour le servant à pied.

Les tiges de bottes, devant être aussi collantes que possible, s'introduiraient facilement sous ce pantalon.

Fig. 5.

Lorsque ce vêtement aurait duré pendant un temps déterminé, comme pantalon d'ordonnance, il serait transformé en culotte basanée et deviendrait culotte n° 1, ses bandes serviraient à renouveler les passepoils du dolman-tunique.

L'homme recevrait un nouveau pantalon d'ordonnance et son ancienne culotte n° 1 deviendrait n° 2. On arriverait ainsi à user complètement comme effets n° 2 les effets n° 1, qui, renouvelés assez souvent, seraient toujours d'une fraîcheur convenable.

Le canonnier monté possède deux coiffures du matin, le képi et la calotte.

Le képi est incommode; il ne peut se plier à cause de la visière qui, malgré toutes les précautions, ne tarde pas à se déformer, soit par le soleil, soit par la pluie.

En hiver, il ne peut pas préserver les oreilles du canonnier contre les grands froids; l'homme à pied ou à cheval, coiffé du schako, ne sait où mettre son képi pour le transporter; il le fixe quelquefois par la jugulaire à la poignée du sabre, mais aussi il le perd souvent.

La calotte, faite de vieux drap usé, n'est jamais propre et augmente inutilement le bagage que l'homme a à transporter avec lui.

Ne serait-il pas plus simple de ne donner au canonnier qu'une seule coiffure du matin?

La coiffure dite *passe-montagne*, qui a un peu la forme du bonnet de police, semble remplir les conditions voulues; elle pourra s'allonger, au besoin, sur les oreilles, et elle possède une petite visière en drap, qui pourrait se rabattre utilement sur les yeux du canonnier de garde, pendant son sommeil.

Cette coiffure prendrait facilement l'aspect militaire, si on l'ornementait de quelque passe-poil rouge, du numéro du régiment sur le côté et de quelques boutons sur le devant. Elle est souple et pourrait se placer facilement dans le paquetage (fig. 6).

Fig. 6.

Il est nécessaire que l'homme possède un bourgeron

en toile ; mais il est inutile que ce bourgeron ait la forme
d'une blouse formant jupe sur les jambes. Cette longueur
n'est d'aucune utilité et ne peut que gêner le canonnier et
compliquer son paquetage. Il serait suffisant d'adopter
comme modèle de bourgeron une simple veste en toile,
large du corps et des manches, de manière à pouvoir se
mettre au besoin par-dessus les autres vêtements (fig. 7).

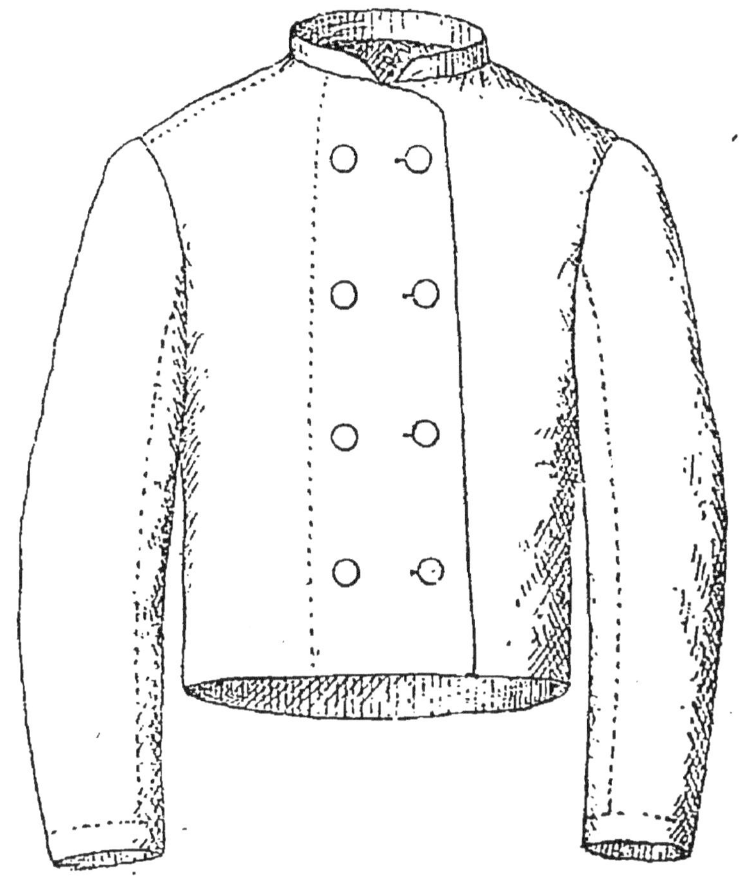

Fig. 7.

Ce vêtement, du reste, ne peut être considéré que comme
pouvant être porté dans l'intérieur d'une caserne ou d'un
camp, soit pour faire le pansage ou les corvées intérieures,
soit pour mettre pendant le nettoyage des autres effets ; il
serait utile à l'homme, aussi bien en temps de guerre qu'en
temps de paix.

Effets de la deuxième catégorie.

EFFETS RÉGLEMENTAIRES. — *Équipement.* — Shako ; porte-manteau ; étui de revolver ; dragonne de sabre ; ceinturon ; capote-manteau.

Le shako est une coiffure incommode, qui ne pare pas un coup de sabre et qui est loin de garantir l'homme qui le porte de la pluie ou de la neige ; n'ayant pas la forme de la tête, son poids est mal réparti et elle imprime sur le front une marque qui indique suffisamment combien elle est mal équilibrée.

Le casque seul, ayant la forme de la tête, la protège convenablement en parant aux inconvénients indiqués précédemment.

Cette coiffure n'a pas besoin d'être élevée ; plus elle sera basse, au contraire, plus elle aura de chance de stabilité.

La casquette de chasse à double visière peut parfaitement servir de type pour ce genre de coiffure. C'est, du reste, sur une casquette de chasse que la carcasse du casque proposé a été copiée fidèlement.

Ce modèle est léger, solide ; il garantit par sa visière de devant des rayons du soleil, et de la pluie par celle de derrière. Il coiffe l'homme avec avantage et semble répondre à toutes les exigences d'un bon service de guerre. Il est en feutre recouvert de cuir bouilli noir (fig. 8).

Sous la plaque de cuivre qui se trouve au sommet existent des ouvertures pour l'aération.

Fig. 8.

Au-dessus de la grenade existe un pas de vis destiné à recevoir le plumet de grande tenue.

L'usage du porte-manteau est un mode de transport fort

incommode pour les effets du canonnier monté ; en garnison, pour une revue, l'homme a tout le temps de préparer son pàquetage avec soin ; il cintre son porte-manteau de manière à lui donner une forme gracieuse qui, vue d'ensemble à une certaine distance, garnit bien la partie postérieure de la selle.

Mais en campagne, où il faut avant tout un équipement pratique, permettant à l'homme de prendre rapidement les effets dont il a besoin, l'usage du porte-manteau n'est pas admissible.

Si l'homme veut prendre un mouchoir de poche, par exemple, il est obligé de déboucler les courroies qui fixent le porte-manteau sur les pointes de la selle, de déboucler le porte-manteau lui-même, de déboutonner la corde qui le ferme, de retirer le rouleau des effets qui le garnissent, de refaire ce rouleau et de le remettre en place après avoir pris l'objet dont il avait besoin. — On voit que ces différentes opérations nécessitent un temps assez long, dont l'homme ne dispose pas toujours en campagne.

Le porte-manteau, du reste, ne garantit pas toujours les effets de la pluie, et lorsqu'ils sont mouillés, il est bien difficile de les faire sécher dans ces conditions.

Il y a à tenir compte également du ballottement impossible à éviter aux allures vives, même en serrant fortement les courroies du paquetage, et qui se produit sur le point le plus sensible du dos de la monture. Combien de canonniers ne se trouvent-ils pas à pied par suite de blessures faites aux rognons de leur porteur !

Quel est l'officier qui s'est jamais servi utilement de son porte-manteau, soit en changeant de garnison, soit en campagne ?

L'adoption d'un bissac en cuir pour l'officier prouve assez qu'on a reconnu que son porte-manteau était inutile.

Ne pourrait-on pas songer à remplacer également le porte-manteau de la troupe par un bissac en cuir ? — On y trouverait plusieurs avantages. Cela permettrait au ca-

nonnier de prendre ses effets et de les remettre en place
avec facilité, de transporter avec lui une certaine quantité
d'avoine pour ses chevaux, et de pouvoir, dans un moment
donné, réunir ses effets en forme de paquetage qu'il pourrait transporter lui-même sur son dos.

Le bissac en cuir des canonniers (fig. 9, 10 et 11) se composerait de deux parties,
celle du côté *montoir* avec
boucles, et celle du côté
hors montoir avec courroies.
Ces deux parties seraient
réunies par les courroies
qui passent, l'une sur le
siège même, l'autre sur
les pointes de la selle.
Chaque partie serait divi-
sée en deux par une sépa-
ration horizontale et re-
couverte par une patte-
lette en cuir, doublée de
toile formant poche, dont
l'ouverture serait fermée
par deux lanières bouclées.

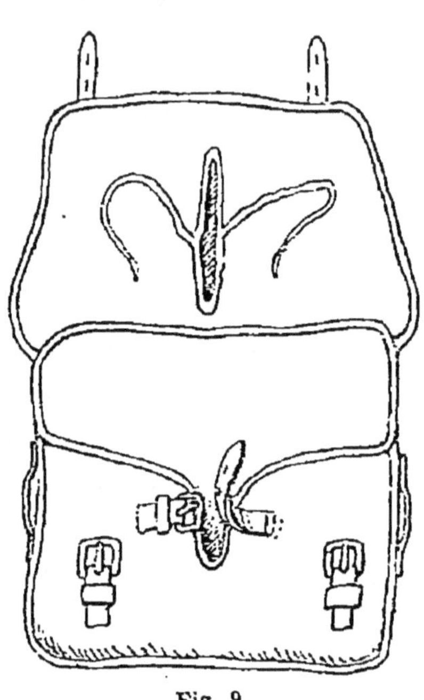

Fig. 9.
Bissac proposé, vu de face et ouvert.

Les dispositions intérieures des deux parties du bissac
sont les mêmes, mais les dispositions extérieures varient.

Le bissac du côté montoir (fig. 10), vu de derrière, présente deux grosses boucles ; celui du côté hors montoir
(fig. 11), vu de derrière également, présente deux grandes
courroies destinées à les réunir pour le paquetage de
l'homme monté, qu'il soit à pied ou à cheval.

Chacun des deux bissacs présente en arrière, celui du
côté montoir à droite, celui du côté hors montoir à gauche, une passe cousue au corps même du bissac et destinée
à recevoir une courroie qui, passant dans la boucle de la
sangle du même côté, doit maintenir le bissac contre le
quartier de la selle et empêcher le ballottement.

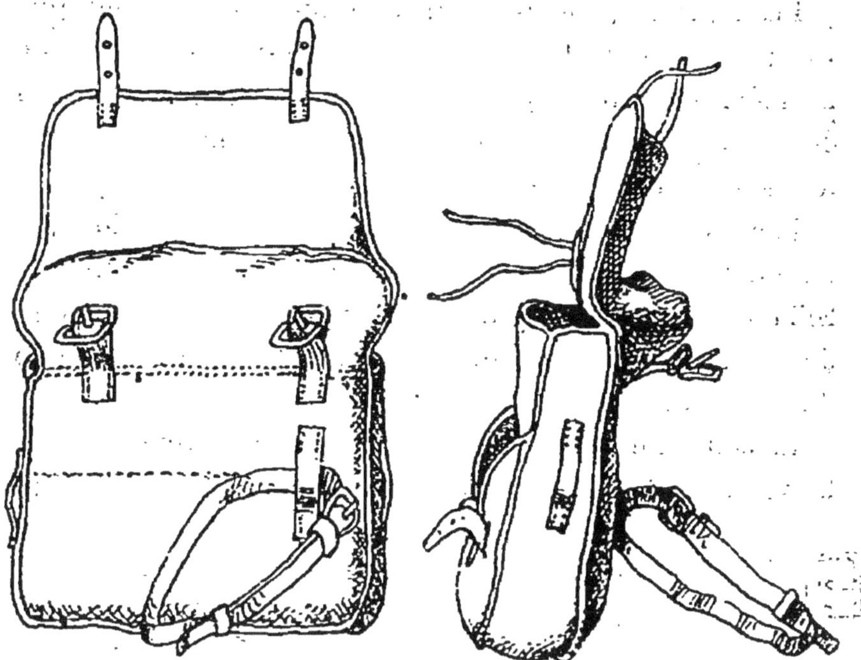

Fig. 10.

Bissac, côté montoir, vu de derrière et de profil.

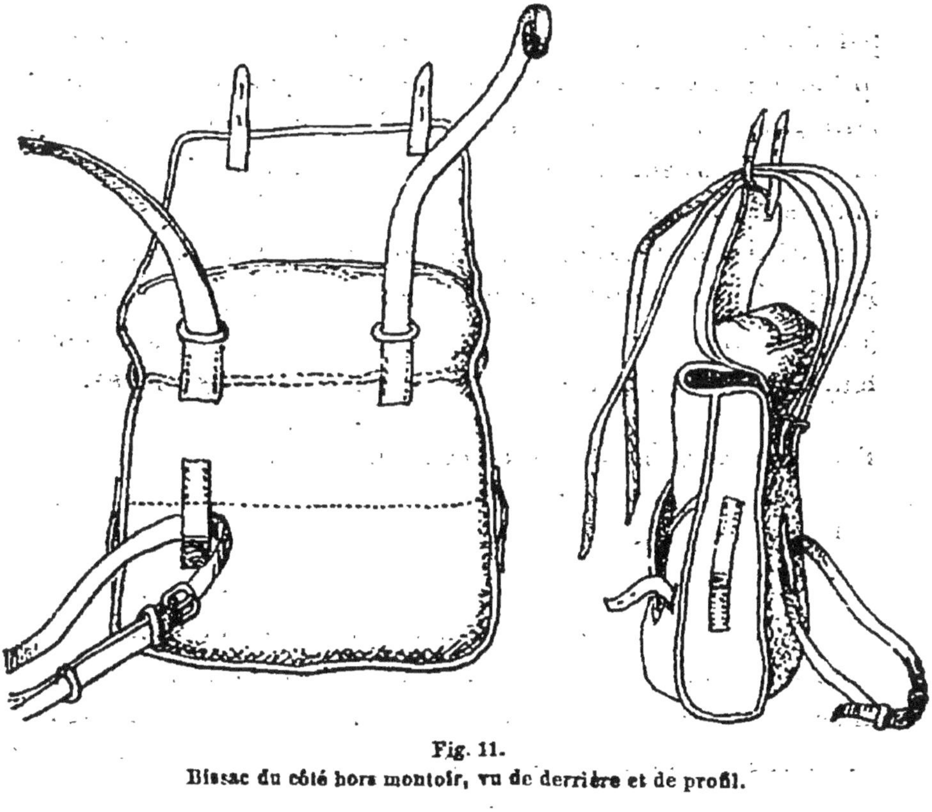

Fig. 11.

Bissac du côté hors montoir, vu de derrière et de profil.

Les 2 bissacs, vus de profil, présentent deux passes qui, cousues au soufflet du bissac, sont destinées à recevoir les mêmes courroies que précédemment, pour réunir les deux parties du bissac, en enveloppant le manteau, dans le cas du paquetage de l'homme à pied.

Par suite de la suppression du revolver, suppression que nous demandons, l'étui de cette arme deviendrait inutile. — Si l'on adoptait le sabre qui sera proposé, au lieu du sabre de cavalerie légère actuellement en service, la dragonne du sabre deviendrait également inutile.

Le ceinturon serait celui d'homme non monté, en cuir fauve (fig. 12) ; il se composerait d'une ceinture bouclant

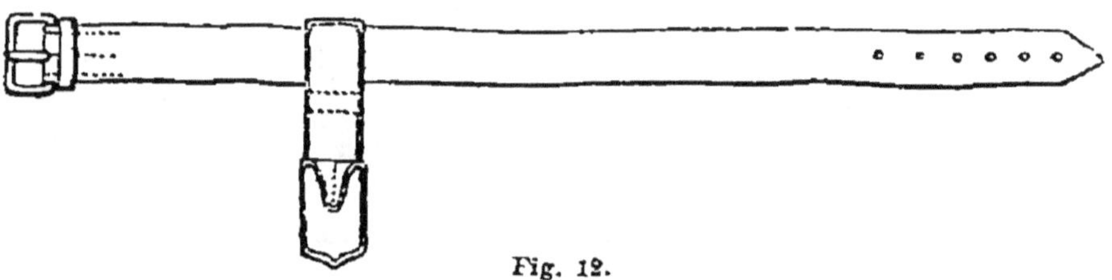

Fig. 12.

par derrière et d'un porte-glaive avec un seul montant, formant passe à la partie supérieure et permettant de le faire glisser rapidement en avant, dans le cas où le canonnier, montant sur les coffres, voudrait ramener son sabre entre ses jambes.

L'artillerie prussienne a un ceinturon de ce genre, et lorsque les canonniers montent sur les caissons, ils font glisser leurs sabres entre leurs jambes pour ne pas gêner leur voisin et s'installer plus rapidement sur les coffres.

Effets réglementaires. — *Campement.* — 1 petit bidon (modèle gourde) ; 1 gamelle à 4 ; 1 seau en toile ; 1 marmite à 4 ; 1 moulin à café pour 15 ; 1 hachette ou serpe pour 7 ; 2 sachets à vivres par homme.

Le petit bidon en fer-blanc n'est pas un objet de campement pratique en campagne ; le moindre choc le déforme ; il se dessoude facilement, et devient dès lors hors de service. Il s'oxyde intérieurement.

Lorsque le canonnier continue à s'en servir dans cet état, le liquide qu'il contient tache les effets ; et alors, ou l'homme s'en débarrasse lorsqu'il voit qu'il ne peut plus s'en servir utilement, ou il continue à transporter un objet devenu parfaitement inutile. Dans tous les cas, au bout de peu de temps de mise en service, la majeure partie de ces bidons est hors d'usage.

Il est donc indispensable de remplacer le petit bidon de campement en fer-blanc par un autre mode de transport du liquide dont les hommes ont besoin pour se désaltérer par les grandes chaleurs.

Les gourdes en verre recouvertes de cuir ou d'osier ne sont pas non plus pratiques en campagne, à moins que le verre ne soit très épais, ce qui alourdit considérablement cet objet. Il n'y a que la peau de bouc qui soit réellement d'un transport commode ; elle est légère, ne craint pas les chocs et son volume diminue au fur et à mesure qu'elle se vide.

C'est le seul modèle à adopter pour remplacer utilement le petit bidon de campement.

Le jeu d'objets de campement se compose :

D'une marmite ;

D'un seau en toile ;

D'une gamelle pour quatre hommes.

Ces objets recouverts en toile sont répartis entre les servants et les conducteurs, et sont généralement placés sur les sous-verges ; ils sont difficiles à fixer, et, outre l'inconvénient du bruit qu'ils occasionnent par suite de leur ballottement pendant les allures vives, ils se déforment et se perdent facilement. Il en résulte que, par suite de la perte d'un de ces objets, 4 hommes se trouvent ou sans marmite pour faire cuire leur soupe, ou sans gamelle pour la faire tremper, ou enfin sans seau pour aller chercher l'eau nécessaire. La perte de plusieurs de ces objets désorganise bien vite le service le plus important d'une batterie, quand on n'est pas au feu, et qui consiste dans l'alimentation des hommes qui la composent.

Ne serait-il pas plus rationnel de donner à chaque homme une marmite à compartiments, de la contenance de quatre litres, qui lui servirait en même temps de marmite, de seau et de gamelle (fig. 13).

Il est inadmissible que chaque homme fasse cuire ses aliments à part; ce n'est pas, du reste, le but qu'on se propose; mais quatre hommes pourraient se réunir et se servir à tour de rôle de la marmite de l'un d'entre eux pour faire cuire leur soupe. — Les trois autres marmites du groupe serviraient à aller chercher l'eau, et chaque homme aurait, au besoin, son compartiment pour tremper sa soupe.

Fig. 13.

Dans le cas où l'on détacherait un certain nombre d'hommes, cette manière de faire faciliterait la cuisson de leurs aliments.

Chaque homme étant responsable de la perte ou de la mise hors de service de sa marmite, et sachant que, du moment où il n'aurait rien pour faire cuire sa soupe, il n'aurait rien à manger, apporterait beaucoup plus de soin pour la conservation de cet objet.

Mais une autre considération beaucoup plus importante plaide en faveur de l'adoption de la marmite individuelle proposée.

Avec le système actuel d'organisation des objets de campement, les hommes ne peuvent plus emporter avec eux la nourriture de la journée, et, comme cela est indiqué au commencement de ce rapport, combien de fois n'a-t-on pas vu des canonniers se passer de manger pendant des journées entières, parce que la réserve chargée de transporter les vivres n'arrivait pas !

La disposition de cette marmite, soit sur le paquetage de l'homme à cheval, soit sur celui de l'homme à pied, permettrait au canonnier de n'avoir qu'une courroie à déboucler, pour prendre immédiatement sa viande froide, son biscuit, etc., etc. Son aménagement permettrait de mettre dans la partie inférieure les vivres à faire cuire le soir, et dans le compartiment supérieur les vivres préparés pour le repas du matin (fig. 14).

Les Prussiens, qui sont pratiques dans les moindres dé-

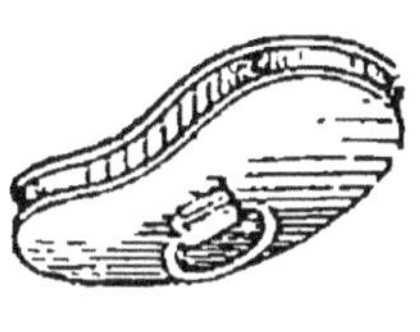

Marmite ouverte.   Compartiment intérieur.   Couvercle de la marmite.
Fig. 14.

tails de leur organisation de guerre, avaient en 1870 des objets de campement semblables à ceux proposés.

Dans le cas où l'on trouverait trop coûteux de donner à chaque homme une marmite de ce genre, il y aurait lieu d'en donner au moins une pour deux hommes.

Il serait nécessaire d'ajouter aux effets de campement 2 musettes-mangeoires destinées à transporter l'avoine d'un repas de la journée.

Ces musettes, qui ne serviraient à faire manger les chevaux que dans les cas exceptionnels où les canonniers n'auraient pas à leur disposition les musettes dont on se

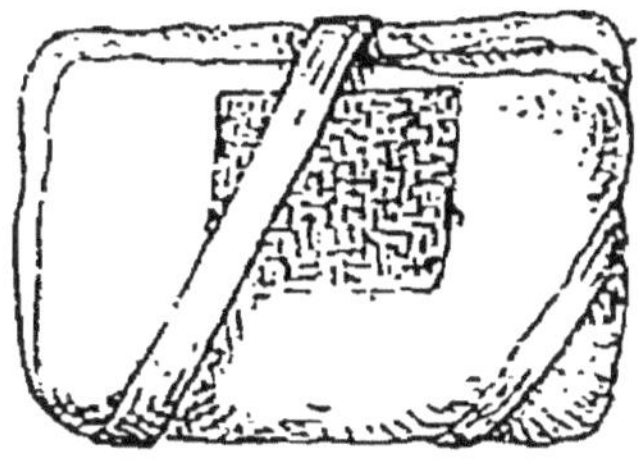

Fig. 15.

sert habituellement pour faire manger les chevaux au camp, devraient pouvoir contenir chacune six litres d'avoine, avoir la même dimension que le compartiment inférieur du bissac qu'elles doivent remplir et être du modèle de celles dont les rouliers se servent habituellement et qui permettent aux chevaux de respirer en mangeant (fig. 15).

Malgré la suppression de la tente-abri et de la couverture de campément, il serait nécessaire de maintenir une couverture qui serait souvent utile à l'homme pour se garantir contre le froid ou les pluies pendant son sommeil et qui trouverait facilement sa place soit sur les pointes de la selle, lorsque l'homme serait à cheval, soit sur son sac, en arrière du manteau, lorsqu'il serait à pied, comme l'indiquent du reste les photographies jointes au travail.

Armement.

ARMEMENT RÉGLEMENTAIRE. — Revolver ; nécessaire d'armes (mod. 74) ; sabre d'homme monté.

Le revolver n'est pas une arme de guerre, entre les mains d'un canonnier conducteur, d'un servant à cheval et même d'un sous-officier, tant au point de vue de son entretien, qu'à celui de l'usage que ces hommes peuvent en faire ; ce qui l'indique, c'est la difficulté que l'on éprouve à faire entretenir cette arme en garnison, et les précautions que l'on juge à propos de prendre en évitant de faire exécuter son tir à cheval.

Qu'un officier ait dans sa fonte un revolver pour sa défense personnelle, rien de plus juste et de plus nécessaire ; l'officier pourra toujours faire entretenir son arme d'une manière convenable par son ordonnance ; il aura assez de sang-froid et d'habitude pour s'en servir utilement ; mais donner un revolver à un homme qui a un ou deux chevaux à soigner, ses effets, une paire de bricoles, ou un harnachement à entretenir, c'est le surcharger bien inutilement.

Que de temps de perdu, pour le canonnier monté, à

l'instruction sur le maniement et l'entretien du revolver, temps qui serait bien plus utilement employé à lui apprendre, soit à conduire sa voiture, s'il est conducteur, soit à servir sa pièce s'il est servant à cheval, soit enfin à soigner ses chevaux, entretenir ses harnais et ses effets dans l'un et l'autre cas.

Qu'une batterie soit envahie par une charge de cavalerie, ce ne seront probablement pas les revolvers des hommes montés qui l'empêcheront de tomber au pouvoir de l'ennemi.

Avec la mobilité actuelle de l'artillerie, ne peut-on espérer que toute batterie bien commandée ne sera jamais envahie? Du reste on a toujours admis que l'artillerie devait être accompagnée de troupes de soutien chargées de la défendre.

Il est nécessaire que le servant à pied soit armé du mousqueton, il peut être appelé dans un siège à défendre sa batterie ; du reste, n'ayant ni chevaux ni harnais, il aura toujours le temps d'entretenir son arme d'une manière convenable.

Par suite de ces considérations, il y a lieu de demander la suppression du revolver comme armement de l'homme monté.

Avant la guerre de 1870, le canonnier monté était armé du sabre d'artillerie à une branche.

En 1870 on remplaça ce sabre par celui de cavalerie légère, de beaucoup plus lourd et plus embarrassant.

Quel besoin le canonnier peut-il avoir d'une arme de ce genre? Lorsqu'il descend de cheval, les bélières en se déployant permettent au sabre de traîner à terre et le gênent dans ses mouvements. Lorsque le canonnier court à la pièce, ce sabre, en se plaçant entre ses jambes, est une cause fréquente de chute. Lorsqu'il monte sur les caissons, il en est fort embarrassé.

En un mot, cette arme qui n'est jamais appelée à lui rendre un service réel, est constamment pour lui un embarras très grand.

DÉSIGNATION DES EFFETS.	TEMPS de paix.	TEMPS de guerre.	OBSERVATIONS.	
			Paquetage du temps de paix.	*Paquetage du temps de guerre.*
Effets de petit équipement.				
Linge.				
Chemises	3	3	1 sur l'homme, 2 dans le paquetage.	1 sur l'homme, 2 dans le paquetage.
Caleçon	2	2	1 sur l'homme, 1 dans le paquetage.	1 sur l'homme, 1 dans le paquetage.
Mouchoirs de poche	2	2	1 sur l'homme, 1 dans le paquetage.	1 sur l'homme, 1 dans le paquetage.
Serviettes	2	2	2 dans le paquetage.	2 dans le paquetage.
Calotte de coton	2	1	2 dans le paquetage.	1 dans le paquetage.
Col modifié	2	2	1 sur l'homme, 1 dans le paquetage.	1 sur l'homme, 1 dans le paquetage.
Gants (paire de)	2	2	1 sur l'homme, 1 dans le paquetage.	1 sur l'homme, 1 dans le paquetage.
Bretelles de pantalon (paire de)	1	1	1 sur l'homme.	1 sur l'homme.
Pantalon de treillis	2	1	2 dans le paquetage.	1 dans le paquetage.
Plumet (modifié)	1	1	Sur l'homme ou dans le paquetage.	Sur l'homme ou dans le paquetage.
Cordon ou aiguillettes	1	1	Sur l'homme ou dans le paquetage.	Sur l'homme ou dans le paquetage.
Quart	1	1	Dans le paquetage.	Dans le paquetage.
Gamelle individuelle	1	»	A la caserne.	»
Gilet de coton proposé	1	1	Sur l'homme ou dans le paquetage.	Sur l'homme ou dans le paquetage.
Chaussure.				
Bottes (paire de) modifiées	2	2	1 sur l'homme, 1 dans le paquetage.	1 sur l'homme, 1 dans le paquetage.
Cache-éperons (modifié)	1	1	Dans le paquetage.	Dans le paquetage.
Effets de petite monture.				
Musette de propreté	1	1	Dans le paquetage.	Dans le paquetage.
Brosse à habits	1	1	Dans le paquetage.	Dans le paquetage.
Brosse double à cirage	1	1	Dans le paquetage.	Dans le paquetage.
Brosse à lustrer	1	»	Dans le paquetage.	»
Brosse à boutons	1	1	Dans le paquetage.	Dans le paquetage.
Brosse grasse	1	1	Dans le paquetage.	Dans le paquetage.
Boîte à graisse et à cirage	1	1	Dans le paquetage.	Dans le paquetage.
Fiole à tripoli	1	1	Dans le paquetage.	Dans le paquetage.
Courroie de manteau	1	1	Dans le paquetage.	Dans le paquetage.

Effets de pansage.				
Ciseaux pour faire les crins	1	1	Dans le paquetage.	Dans le paquetage.
Sac à avoine.	1	1	Dans le paquetage.	Dans le paquetage.
Corde à fourrage.	1	1	Dans le paquetage.	Dans le paquetage.
Galoches avec chaussons.	1	1	A la caserne.	»
Fouet.	1	1	Sur le harnais.	Sur le harnais.
Musette de pansage contenant :	1	1	Dans le paquetage.	Dans le paquetage.
1 étrille.	»	»	»	»
1 brosse à cheval	»	»	»	»
1 éponge.	»	»	»	»
1 époussette	»	»	»	»
Effets de la 1re catégorie.				
Habillement.				
Dolman-tunique n° 1.	1	1	Sur l'homme.	Sur l'homme.
Dolman-tunique n° 2.	1	»	Dans le paquetage.	»
Culotte n° 1	1	1	Sur l'homme.	Sur l'homme.
Culotte n° 2	1	»	Dans le paquetage.	»
Pantalon d'ordonnance.	1	»	Dans le paquetage.	»
Bonnet de police.	1	1	Dans le paquetage.	Dans le paquetage.
Bourgeron	1	1	Dans le paquetage.	Dans le paquetage.
Effets de la 2e catégorie.				
Équipement.				
Casque	1	1	Sur l'homme.	Sur l'homme.
Capote-manteau	1	1	Dans le paquetage.	Dans le paquetage.
Ceinturon.	1	1	Sur l'homme.	Sur l'homme.
Bissac double en cuir avec courroie mobile	1	1	Contient le paquetage.	Contient le paquetage.
Campement.				
Peau de bouc	»	1	»	Sur l'homme.
Marmite individuelle à compartiments	»	1	»	Dans le paquetage.
Moulin à café	»	1	Pour 15 hommes.	A la réserve.
Hachette ou serpe	»	1	Pour 7 hommes.	A la réserve.
Sachet à vivres pour hommes.	»	2	»	Dans le paquetage.
Musettes-mangeoires.	»	2	»	Dans le paquetage.
Armement.				
Sabre	1	1	Sur l'homme.	Sur l'homme.

Ne pourrait-on pas l'armer d'un sabre d'homme non monté, en forme de couteau de chasse, qui, par sa lame suffisamment pointue et longue de 0ᵐ,60, serait pour lui une arme assez importante pour sa défense personnelle (fig. 16).

Les coups de sabre blessent quelquefois, les coups de pointe tuent souvent, il est donc plus avantageux d'avoir une arme destinée surtout à l'usage du coup de pointe.

Le maniement de cette arme, comme manœuvre, serait insignifiant et n'absorberait pas de longues heures, plus utilement employées à l'éducation militaire du canonnier.

Cette arme supportée par un ceinturon collé au corps, ne le gênerait ni pour sauter à cheval ou à terre, ni pour monter sur les caissons ou en descendre, ni pour courir du cheval à la pièce, dans le cas où il serait servant à cheval.

L'armement actuel du canonnier monté, qui se compose du revolver et du sabre de la cavalerie légère, ne fait que l'alourdir, sans être jamais appelé à lui rendre de services importants, et peut lui faire croire à tort que sa première arme n'est pas son canon.

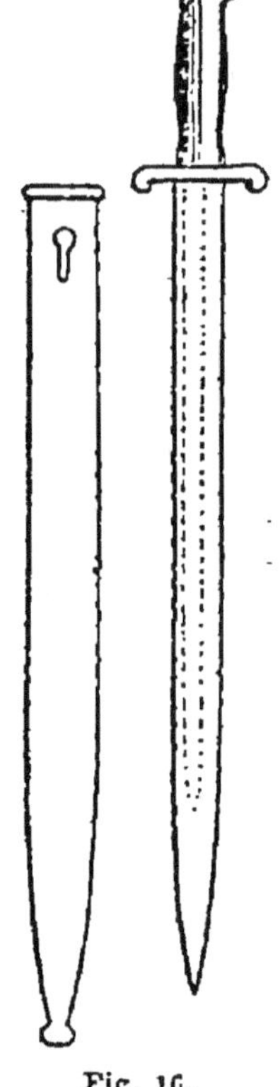

Fig. 16.

Ne serait-il pas plus rationnel, en ne tenant compte que des besoins réels de l'artillerie sur le champ de bataille, d'alléger autant que possible l'armement du canonnier, afin que la rapidité de ses mouvements se trouve en rapport avec la mobilité du matériel de l'artillerie de campagne ?

Harnachement.

Il est évident que l'adoption des bissacs proposés exigerait la suppression de la besace en toile.

Le reste du harnachement n'aurait aucune modification à subir.

Si les modifications proposées qui précèdent étaient adoptées, la tenue et l'équipement du canonnier monté seraient composés des effets indiqués dans le tableau des pages 28 et 29.

TENUE DE L'HOMME NON MONTÉ (SERVANT A PIED).

Le travail qui précède a eu pour but de signaler les modifications nécessaires à la tenue de l'homme monté; sans être obligé de faire un travail semblable pour l'homme non monté, on peut admettre par analogie qu'on a les mêmes raisons pour proposer les modifications suivantes à sa tenue :

Adoption du plumet proposé et du cordon ou de l'aiguillette pour la grande tenue.

Remplacement du shako par le casque proposé.

Remplacement du dolman par le dolman-tunique.

Remplacement de la gamelle, du seau et de la marmite de campement, par la marmite individuelle.

Avec ces modifications, les deux tenues du canonnier monté et du canonnier non monté seraient analogues.

TENUE DES OFFICIERS.

Le dolman actuel devrait être remplacé par un dolman-tunique, du même modèle que celui proposé pour la troupe; les inconvénients que nous avons signalés dans le dolman étant les mêmes pour l'officier que pour le soldat.

Les galons actuels, étant portés dans les deux tenues du matin et du soir, sont vite fanés; ils se décousent facilement et s'accrochent soit aux portes, soit aux meubles.

Ne serait-il pas rationnel d'adopter sous ce rapport la manière de faire des autres armes ?

Pour la tenue du matin, les galons simples faisant le tour des manches, et pour la tenue du jour et la grande tenue l'épaulette.

Plus que dans toute autre arme, l'épaulette est nécessaire

aux officiers d'artillerie: ils doivent en tout temps se montrer sur le champ de bataille, revêtus d'une manière bien apparente des insignes de leur grade.

Si le capitaine commandant se porte à 100 mètres en avant de sa batterie, par exemple, pour reconnaître une position, il lui tournera le dos et ne pourra plus être reconnu par le personnel qui la compose, s'il n'a que des galons sur ses manches. On sait l'importance qu'il y a à ce qu'il soit en tout temps reconnu de loin.

Quoi qu'en disent les officiers qui n'ont demandé la suppression de l'épaulette que pour être plus à leur aise, cet insigne a un autre prestige que les galons: journellement les factionnaires ne rendent pas aux officiers les honneurs qui sont dus à leur grade, parce que, même à courte distance, les galons ne permettent pas de distinguer ce grade (¹).

La botte et la culotte étant actuellement d'ordonnance pour l'officier, il n'y aurait rien à demander sous ce rapport, si ce n'est l'adoption des bottes de chasse comme modèle unique.

Un casque de la même forme que celui de la troupe, mais en cuivre doré, devrait remplacer le shako; il y aurait lieu d'adopter également un plumet en plumes, s'épanouissant sur la coiffure, et un cordon ou une aiguillette en or pour la grande tenue.

On obtiendrait ainsi pour l'officier une tenue se rapprochant suffisamment de celle de la troupe.

La troupe n'a pas besoin d'épaulette. La pattelette en tresse rouge suffit pour parer le dessus de l'épaule d'un coup de sabre, tandis que, comme cela a été dit précédemment, l'officier en a besoin pour faciliter la distinction des grades. La différence qui existerait entre la tenue de l'offi-

---

(¹) Le dernier modèle d'épaulette qui existait en 1870, n'était pas d'un usage commode. La patte était raide et gênait les mouvements. Pourquoi n'adopterait-on pas l'ancienne épaulette de petite dimension, dont la patte était souple et ne gênait ni pour mettre le manteau, ni pour se coucher? Au point de vue de la dépense, il y a lieu de remarquer que l'épaulette, quoique très usée, a toujours la valeur de la moitié de son prix d'achat, tandis que les galons qui, portés matin et soir, s'usent très rapidement, n'ont plus qu'une valeur insignifiante lorsqu'ils sont hors de service.

cier et celle de la troupe, consisterait donc surtout dans l'adoption de l'épaulette pour l'officier.

Le sabre de cavalerie légère ne présentant pas pour l'officier les mêmes inconvénients que pour la troupe, il y aurait lieu de le maintenir en service, quoique l'adoption d'un sabre d'homme non monté soit demandée pour l'homme monté.

Pour les motifs indiqués précédemment, l'officier conserverait le revolver.

De la grande tenue.

Ainsi qu'on l'a dit à l'article des effets de petit équipement, au commencement de ce rapport, « plus la tenue du jour est simple, plus l'adoption de certains ornements destinés à la transformer en grande tenue est nécessaire ».

Comme on l'a vu, la tenue proposée est aussi simple que possible, et les ornements proposés pour la transformer en grande tenue le sont également.

Pendant les guerres du premier Empire, les troupes livraient bataille en grande tenue, les soldats considéraient ce jour comme un grand jour, comme un jour de fête; s'ils devaient tomber morts ou blessés au pouvoir de l'ennemi, ils voulaient être revêtus de leurs plus beaux ornements; ils étaient fiers de porter leur grande tenue, même en combattant, malgré la gêne et la fatigue qui devaient en résulter.

Ces sentiments semblent avoir fait leur temps, car, à la tenue actuelle, beaucoup d'officiers demandent avant tout leurs aises.

Serait-il mauvais de chercher à retremper les sentiments militaires de nos soldats dans les souvenirs glorieux de tant de braves? Assurément non et il serait même bon d'apprendre à ce propos à nos canonniers qu'ils peuvent être appelés un jour à faire le sacrifice de leur vie pour leur pays, et que dans ce jour ils devront être en grande tenue.

La grande tenue ne devra consister que dans l'adoption d'un plumet et d'un cordon ou d'une aiguillette à ajouter à la tenue du jour. Ainsi comprise elle ne sera jamais embarrassante à transporter, aussi bien en campagne qu'en garnison.

Ces considérations sur la grande tenue sont motivées par la nécessité de réagir contre la tendance qui s'est manifestée partout après la guerre, de ne chercher avant tout dans l'uniforme que d'avoir ses aises et d'être commodément habillé.

Plus on s'éloigne de l'époque où, se battant corps à corps, on était obligé de porter un uniforme capable de garantir des coups portés à bout portant, plus on semble croire qu'on peut se dispenser de porter un uniforme régulier et d'aspect militaire. C'est une erreur, car, quoiqu'on arrive à se battre maintenant à des distances telles qu'on tue son ennemi sans le voir, l'équipement militaire, sans avoir la rigidité des uniformes d'autrefois, n'en doit pas moins conserver, aussi bien en temps de guerre qu'en temps de paix, son aspect sévère et sa régularité si indispensables à toute bonne discipline.

Il doit comprendre tout ce qui est nécessaire à l'homme pour supporter les intempéries des saisons et les fatigues de la guerre, et ne doit comporter d'autre ornement que ce qui est indispensable à la distinction des grades et nécessaire pour rendre l'homme suffisamment fier de son uniforme.

C'est ce but qu'on s'est proposé d'atteindre, en décrivant la tenue qui fait l'objet de ce travail.

Paquetage de l'homme monté, lorsqu'il est à cheval.

Ce paquetage comporte le paquetage de devant et celui de derrière.

Le paquetage de devant comprend : la 2ᵉ paire de bottes, contenant le cache-éperons, placée dans une des sacoches ; les musettes de pansage et de propreté et la corde à fourrage, placées dans l'autre sacoche. — Le manteau roulé recouvre les sacoches, et le sac à distribution est plié par-dessus pour le protéger.

La marmite individuelle à compartiments contenant les sachets à vivres, le quart, une serviette et la nourriture de l'homme pour la journée, est fixée du côté montoir sur le manteau, la partie concave en dedans, au moyen d'une courroie qui enveloppe la sacoche.

Le paquetage de derrière comprend les deux parties du bissac. Du côté montoir on trouve : 3 kil. (6 litres) d'avoine dans une musette-mangeoire dans le compartiment inférieur ; deux chemises, un caleçon et un mouchoir de poche dans le compartiment supérieur..

La poche de la patelette contient : une calotte de coton, une paire de gants, un col, un livret, un bonnet de police.

Du côté hors montoir, il y a : 3 kil. d'avoine dans une musette-mangeoire dans le compartiment inférieur ; un pantalon de treillis, un bourgeron et une serviette dans le compartiment supérieur.

Dans la poche de la patelette se trouvent le plumet et l'aiguillette, ou le cordon de grande tenue.

Pour faciliter la confection de ce paquetage, il y a toujours lieu de commencer par garnir les poches des patelettes. Engager les courroies de la partie hors montoir dans les grandes boucles de la partie montoir, et disposer le bissac ainsi formé, sur la selle, de manière que la courroie antérieure se trouve à plat sur le siège de la selle, et la courroie postérieure sur les pointes.

Passer les deux courroies disposées à cet effet, dans les deux passes cousues sur le corps même du bissac, puis ensuite dans la boucle de la sangle du même côté, et serrer cette courroie jusqu'à ce que le bissac soit assujetti contre le quartier de la selle.

Il y a lieu de remarquer que dans le paquetage ordinaire de garnison, les deux musettes d'avoine pourraient être remplacées : d'un côté par le dolman-tunique n° 2 ; de l'autre, par le pantalon d'ordonnance avec lequel on mettrait dans ce cas le bourgeron, ce qui permettrait de placer la culotte n° 2 avec le pantalon de treillis.

Dans le cas où l'homme ne porterait pas sur lui le gilet de coton proposé, il lui serait toujours possible de le mettre avec les deux chemises et le caleçon.

Paquetage de l'homme monté, à cheval.

Paquetage de devant.

- 1 paire de bottes contenant le cache-éperons, placée dans l'une des sacoches.
- Les musettes de pansage et de propreté placées dans l'autre sacoche.
- Le manteau roulé recouvrant les sacoches.
- Le sac à distribution placé par-dessus le tout.
- La marmite individuelle contenant : sachets à vivres, le quart, 1 serviette (fixée sur le manteau, du côté du montoir).

Paquetage de derrière.

Bissac côté montoir.	Compartiment supérieur.	2 chemises. / 1 caleçon. / 1 mouchoir de poche.
	Compartiment inférieur.	6 litres d'avoine dans une musette-mangeoire.
	Poche de la patelette.	1 calotte de coton. / 1 paire de gants. / 1 col. / 1 livret. / 1 bonnet de police.
Bissac côté hors montoir.	Compartiment supérieur.	1 pantalon de treillis. / 1 bourgeron. / 1 serviette.
	Compartiment inférieur.	6 litres d'avoine dans une musette-mangeoire.
	Poche de la patelette.	Plumet. / Aiguillette ou cordon de grande tenue.

Paquetage de l'homme monté lorsqu'il est à pied.

Lorsque sa monture vient à lui manquer, l'homme remplacera l'avoine de la musette comprise dans la partie montoir du bissac, par la paire de bottes de rechange qui se trouvait dans le paquetage de devant, en y plaçant sa paire d'éperons garnie du cache-éperons et en l'enveloppant avec le sac à avoine ; il mettra le tout dans la musette-mangeoire.

Il remplacera l'avoine comprise dans la partie hors montoir du bissac par les deux musettes de pansage et de propreté, qui se trouvaient dans le paquetage de devant. La corde à fourrage se placera dans la musette de pansage.

Il réunira ensuite ces deux parties du bissac, en les plaçant l'une contre l'autre, le côté montoir en dessus ; il passera les courroies dans les boucles, puis ensuite dans les chapes, pour former bretelles. Il placera le manteau roulé, de la même manière que sur les fontes, sur le dessus des deux parties du bissac.

Il l'assujettira de chaque côté avec les deux courroies, qui étaient destinées à les tenir aux boucles des sangles, lorsqu'il était à cheval.

La marmite individuelle, au moyen des mêmes courroies qui le fixaient sur le paquetage de devant, sera maintenue en arrière du sac ainsi formé.

Le canonnier arrivera de cette façon à réunir rapidement en un tout ses effets qui, lorsqu'il était à cheval, étaient répartis et fixés sur sa selle.

Le sac ainsi formé pourra se mettre facilement sur le dos de l'homme, qui ne ferait peut-être pas une étape en le portant, mais qui, dans tous les cas, pourra le transporter pendant un temps suffisant pour ne pas perdre ses effets.

Le nouveau matériel d'artillerie de campagne comporte des courroies adaptées aux coffres des caissons. L'adoption de ces courroies indique suffisamment qu'il est admis en principe que le canonnier marchant à pied n'a que, par exception, le sac sur le dos.

Dans ces conditions, le canonnier monté se trouvant à pied, trouverait facilement à s'alléger du poids de son sac, dès l'instant où il lui deviendrait par trop difficile de le porter.

Paquetage de l'homme monté, à pied.

Paquetage.

Bissac côté montoir.

- Compartiment supérieur.
  - 2 chemises.
  - 1 caleçon.
  - 1 mouchoir de poche.
- Compartiment inférieur.
  - 1 paire de bottes (contenant éperons garnis du cache-éperons) enveloppée dans le sac à avoine, et le tout mis dans la musette-mangeoire.
- Poche de la patelette.
  - 1 calotte de coton.
  - 1 paire de gants.
  - 1 col.
  - 1 livret.
  - 1 bonnet de police.

Bissac côté hors montoir.

- Compartiment supérieur.
  - 1 pantalon de treillis.
  - 1 bourgeron.
  - 1 serviette.
- Compartiment inférieur.
  - Musette de pansage (contenant la corde à fourrage) et musette de propreté (le tout mis dans la musette-mangeoire).
- Poche de la patelette.
  - Plumet.
  - Aiguillette ou cordon de grande tenue.

Le manteau placé de la même manière que sur les fontes, sur les deux bissacs réunis.

La marmite individuelle contenant (sachets à vivres, quart, une serviette) maintenue par les courroies en arrière du sac ainsi formé.

Si, plus tard, le train d'artillerie venait à quitter les régiments, soit pour former corps à part, soit pour être placé sous les ordres des colonels-directeurs d'artillerie, et que l'artillerie à pied formât un corps distinct, ne pourrait-on pas espérer que les régiments ne comprenant plus alors que l'artillerie de champ de bataille, ne posséderaient plus qu'un seul type de canonnier équipé comme il vient d'être dit dans le rapport qui précède, et pouvant passer à volonté, selon les besoins du service, de la position à cheval à la position à pied?

Les batteries à cheval ne différeraient plus des batteries montées que par le nombre de chevaux.

Nancy, imprimerie Berger-Levrault et C**.